Inhalt

Performance Management Systeme -
Ganzheitlich orientierte Systeme setzen sich
immer mehr durch

Kernthesen

Beitrag

Fallbeispiele

Weiterführende Literatur

Impressum

GENIOS WirtschaftsWissen Nr. 04/2008 vom 07.04.2008

Performance Management Systeme - Ganzheitlich orientierte Systeme setzen sich immer mehr durch

M.Westphal

Kernthesen

- Die Vorstellung der Balanced Scorecard vor gut 15 Jahren hat zu einer breiten Einführung moderner, ganzheitlich orientierter Leistungsmesssysteme in Unternehmen geführt.
- Die Erfahrungen mit diesen Instrumenten nehmen zu und damit werden diese Instrumente auch immer weiter verbessert

und verfeinert.
- Gerade für die Anforderungen spezifischer Branchen wie Dienstleistungen oder aber dezentrale Unternehmensarchitekturen werden aktuell Vorschläge für geeignete Systemadaptionen diskutiert.

Beitrag

Moderne Performance Management Systeme, die die Unternehmensleistung ganzheitlich messen, erfreuen sich steigender Beliebtheit. Die Entwicklung von Leistungsmesssystemen orientiert sich verstärkt an der Adaption hin zu spezifischen Problemstellungen wie die Steuerung von unternehmensübergreifenden Projekten oder auch die Leistungsmessung von Dienstleistungsunternehmen.

Performance Management Systeme erfreuen sich seit Jahren steigender Beliebtheit

Schon seit Jahren setzt sich die Erkenntnis durch, dass die hohe Dynamik der Wirtschaft eine Erweiterung der Kennzahlen über rein auf der Vergangenheit basierende Finanzinformationen

bedarf. Moderne Performance Management Systeme (PMS) nutzen daher mehrdimensionale Kennzahlen, die eine holistische Sichtweise auf das ganze Unternehmen ermöglichen. Die Implementierung einer ganzheitlichen Sicht ermöglicht auch die Berücksichtigung von Wechselwirkungen und initiiert damit einen kybernetischen Prozess. (6) Performance Management Systeme müssen daher folgende Kriterien implementieren:
- Unternehmensspezifische Adaption an die Besonderheiten der individuellen Strategie.
- Alle Hierarchieebenen des Unternehmens, also auch die operativen, müssen berücksichtigt werden, um eine Identifikation aller Mitarbeiter zu ermöglichen.
- Ein Unternehmen befindet sich in einem Kosmos verschiedenster Anspruchsgruppen, deren Anforderungen alle im PMS berücksichtigt werden müssen.
- Die Kennzahlen müssen in ihrer Gewichtung den spezifischen Zielen und Strategien des Unternehmens entsprechen.
- Um den ganzheitlichen Ansatz auch erfolgreich zu verfolgen, müssen die Beziehungen und möglicherweise bestehenden Wechselwirkungen der Indikatoren definiert und bei der Implementierung berücksichtigt werden.
- Die Metrik des Mess- und Berichtssystems muss transparent dokumentiert werden.
- Es reicht nicht eine einmalige Einführung eines

PMS, sondern die Validität der implementierten Annahmen muss ständig hinterfragt und ggf. adaptiert werden.

- Um zielorientiertes Handeln der Mitarbeiter zu gewährleisten, ist eine individuelle Verknüpfung zum innerbetrieblichen Anreiz- und Entlohnungssystem herzustellen.
- Die Komplexität des PMS wie auch die Berichtszyklen sollten individuell an die Anforderungen des Unternehmens angepasst werden, um auch eine Wirtschaftlichkeit des Systems zu gewährleisten. (6)

Performance Management Systeme müssen hinsichtlich ihres Aufbaus kontinuierlich auf Eignung hinterfragt werden

Unternehmen steuern im Rahmen ihres Performance Managements nicht mehr rein aus dem Finanzblickwinkel und der Prozessperspektive, sondern bewerten die Zielerreichung inzwischen mehrdimensional aus den Blickwinkeln unterschiedlicher Stakeholder (Kunden, Mitarbeiter, Lieferanten, Gesellschaft). (1)

Performance Management Systeme (PMS) sind sehr komplex, werden von nahezu jedem Unternehmen eingesetzt. Allerdings wird der Nutzen dieser Systeme selten hinterfragt:
- Welchen Beitrag liefert ein PMS zur Leistungssteigerung der Mitarbeiter?
- Können klare, messbare Ziele die Leistung der Mitarbeiter beeinflussen?
- Zu unterscheiden ist zwischen Gruppen- und Einzelzielen wie auch deren jeweiliger Einfluss auf die Mitarbeiterleistung.
- Im Zusammenhang mit PMS werden Mitarbeiter auch belohnt, wobei nicht hinterfragt wird, inwieweit dieses die Zufriedenheit der Mitarbeiter steigert.
- Kann die Akzeptanz des PMS bei Mitarbeitern durch intensive Kommunikation gesteigert werden?
- Ebenso ist der Einfluss der Eigenverantwortung im Rahmen des PMS auf die Akzeptanz zu hinterfragen.
- Welche PMS erfreuen sich größerer Akzeptanz? Sehr umfangreiche oder einfachere und damit übersichtlichere?
(1)

Der Einsatz von Performance Management Systemen bei unternehmensübergreifenden

Projekten

Performance Management Systeme erfreuen sich auch im Einsatz bei unternehmensübergreifenden Projekten zunehmender Aufmerksamkeit. Da gerade diese Form der Kooperation immer mehr an Bedeutung gewinnt, erscheint die Entwicklung entsprechend angepasster Systeme notwendig. So wird zum Beispiel in der Automobilindustrie nur noch 35 Prozent der Wertschöpfung vom eigentlichen Automobilhersteller erbracht. Bei der Entwicklung und Produktion eines Autos sind häufig mehrere hundert Zulieferer beteiligt, die auch entsprechend gesteuert werden müssen. Dabei treten heute häufig noch unnötige Reibungsverluste aufgrund unklarer gemeinsamer Projektziele wie auch daraus resultierender schlechter Projektsteuerung auf. Wesentliche Probleme werden identifiziert durch:
- Projektbeteiligte werden in den Prozess der Zieldefinition zuwenig eingebunden.
- Die letztendlichen Ziele und ihre Messgrößen sind nicht hinreichend klar definiert.
- Daraus ergibt sich ein Interpretationsspielraum für die erfolgreiche Erreichung der Ziele.
- Die Hierarchie der Projektbeteiligten führt zu einem latenten Misstrauen.

(2)
Ein vielfach eingesetztes PMS-Tool ist die Balanced Scorecard (BSC). Dieses Instrument eignet sich sehr

gut als Verknüpfung der Unternehmensstrategie mit der operationalisierten Umsetzung. Die BSC weist als wesentlichen Vorteil gegenüber traditionellen Leistungsmesssystemen ihren Zukunftsbezug auf, welcher kontinuierlich überprüft wird. Außerdem nutzt dieses System auch nicht-finanzielle Kennzahlen wie zum Beispiel Fluktuation, Innovation, Erfahrung oder Kundenzufriedenheit. Auf ein Projekt übertragen kann die Scorecard dann den jeweiligen Projektstatus aus verschiedenen Blickwinkeln visualisieren im Hinblick auf:
- Projektziele,
- Projektleistungen,
- Kosten/Termine,
- Projektorganisation,
- interne Projektumwelten,
- externe Projektumwelten.

(2)
So wird das Projektmanagementinstrumentarium um ein Tool erweitert, welches eine gemeinsame Kommunikationsbasis schafft. Es erleichtert die Kommunikation und Erfassung des ganzheitlichen Projektstatus. Eine Erweiterung dieses Tools zum Einsatz in unternehmensübergreifenden Projekten stellt die Collaborative Project Scorecard (CPS) dar. Auch in diesem Kontext kann die Erweiterung der üblichen Projektparameter wie Kosten, Qualität und Termine zu erhöhter Akzeptanz und letztendlich deutlich verbesserter Performance führen.

Die Verbesserung der unternehmensübergreifenden Zusammenarbeit sowie die Ausschöpfung der möglichen Innovations- und Entwicklungspotentiale bedarf auch entsprechender Kennzahlen, die diese Faktoren berücksichtigen. (2)
Idealerweise umfasst die CPS auch vier aus der BSC leicht adaptierte Perspektiven:
- Projektergebnis,
- Prozesse,
- Zusammenarbeit,
- Potentiale.

(2)
Auch im Falle von Projekten, die die Verbesserungen der gesamten Supply Chain zum Ziel haben, bietet sich der Einsatz holistischer PMS an, die den gesamten Veränderungsprozess überwachen. Nur eine ganzheitliche Betrachtung aller beteiligten Abteilungen, Prozessschritte und auch externen Beteiligten kann zu einer ganzheitlichen Optimierung auch unter Berücksichtigung von funktions- und betriebsübergreifenden Wechselwirkungen führen. Da die Kundenzufriedenheit im Rahmen von Supply Chain-Projekten immer im Fokus steht, sind entsprechende Leistungskennzahlen zu implementieren. (4)

Der Einsatz von Performance

Management Systemen in der Dienstleistungsbranche

Im Dienstleistungsbereich muss die Leistungsmessung vor allem drei Faktoren berücksichtigen:
- Die Qualität und der Nutzen der Dienstleistungen müssen für den Kunden transparent gemacht werden.
- Internes wie externes Benchmarking muss ermöglicht werden, was einer starken Prozessorientierung bedarf.
- Auch im Dienstleistungssektor muss eine Produktorientierung stattfinden, was auch entsprechende Effektivitätsmessungen der Leistungen bedingt. (5)

Den bisher bekannten Performance Management Systemen mangelt es insbesondere an drei Faktoren, um im Dienstleistungssektor angewandt werden zu können:
- Gerade die Besonderheit der Produkte wie zum Beispiel Immaterialität, hohe Personalintensität oder Integration des externen Faktors wird nicht ausreichend adressiert.
- Im Dienstleistungsbereich wesentliche Faktoren wie die Interaktion aber auch beziehungsrelevante Faktoren werden kaum berücksichtigt.
- Gerade für Kundenbindungs- und

Kaufentscheidungsprozesse bei Dienstleistungen bedeutende qualitative Faktoren sind nicht implementiert.
(5)
Image, Glaubwürdigkeit, Einfühlungsvermögen, Loyalität oder Kooperationsbereitschaft sind wesentliche Faktoren, die die Qualität von Dienstleistungen definieren und beeinflussen. Daher sollten Kennzahlen zu folgenden Dimensionen implementiert werden:
- Zuverlässigkeit/Effektivität,
- Durchlaufzeit von Dienstleistungsprozessen,
- Flexibilität/Adaptivität,
- Erfassung sämtlicher objektiv messbarer finanzieller Kosten von Dienstleistungen,
- Effizienz von Dienstleistungen.
(5)

Der Einsatz von Performance Management Systemen in dezentralisierten Unternehmen

In zunehmendem Maße bilden Unternehmen autonome und dezentrale Abteilungen, um die Flexibilität auf die dynamischen Veränderungen der Märkte zu erhöhen. Damit entfernen sich die

Unternehmen auf der anderen Seite aber von den Kundenwünschen nach übergreifenden, synergetischen Angeboten, die die komplementären Ressourcen des Unternehmens bündeln. Gerade für solche neuen Unternehmensarchitekturen fehlen Steuerungsinstrumente, die übergreifende Synergien erschließen. Idealerweise setzt sich über alle Unternehmenseinheiten hinweg eine Profit-Center Struktur durch. Die Güter und Leistungen zwischen den einzelnen Organisationseinheiten werden mit Transferpreisen bewertet, die sich an aktuellen Marktpreisen orientieren. Allerdings verhindert die Profit-Center Struktur über reziproke Interdependenz die Abstimmung eines gemeinsamen Marktauftritts inklusive einer abgestimmten ganzheitlichen Strategie. Außerdem ist in einer solchen Struktur keine einheitliche Unternehmenskultur sicher gestellt.

Es muss diesen Unternehmen bewusst sein, dass keine generischen Steuerungssysteme implementiert werden können, da diese die Synergieziele nicht hinreichend koordinieren würden. Vielmehr muss sich das Unternehmen zunächst über die Potentiale der Synergien vereinbaren. Die Balanced Scorecard kann eine sinnvolle Möglichkeit darstellen, ein dezentral organisiertes Unternehmen übergreifend zu steuern. Allerdings muss die klassische BSC um drei Module erweitert werden.

So bietet sich zunächst die Erweiterung der

Standardperspektiven um Synergiekennzahlen an. Dadurch könnte die Perspektive Lernen und Wachstum um Kennzahlen wie Verweildauer der Mitarbeiter in anderen Geschäftsbereichen oder Anzahl der übergreifenden Best-Practice-Treffen erweitert werden.
Außerdem müssen mögliche Zielkonflikte der Individualziele der Geschäftsbereiche in Einklang mit denen des Gesamtunternehmens gebracht werden, was durch einen gemeinsamen Zielbildungsprozess erreicht werden kann. Die Motivation zur Erreichung gemeinsamer Ziele kann mittels entsprechender Leistungsbeurteilungen und Anreizsysteme unterstützt werden.
Die Kooperation muss aber auch mittels vertrauensschaffender Mechanismen gestärkt werden. Eine zusätzliche Perspektive Beziehungsqualität kann durch regelmäßig durchgeführte Befragungen der Mitarbeiter in Bezug auf Vertrauen und Zutrauen in die Leistungsfähigkeit der anderen Geschäftsbereiche überprüft werden. (7)

Der Einfluss von Performance Management Systemen auf die individuelle Motivation

Ein wesentlicher Beweggrund des Einsatzes von modernen und komplexeren PMS liegt darin begründet, dass für die Leistungsbewertung der Mitarbeiter auch ein holistischerer Ansatz herangezogen werden kann. So kann die Berücksichtigung weicherer Faktoren und darauf basierender sehr individueller Anreize wie entsprechende Beförderungen, Privilegien oder Autonomie zu einer insgesamt besseren individuellen Anreizschaffung dienen und damit auch wiederum die Gesamtperformance des Unternehmens positiv stützen. (3)

Wesentliche Probleme bestehen im Hinblick auf Anreizfindung gerade in nicht-erwerbswirtschaftlichen Organisationen. Hier sind Mitarbeiter häufig aus Idealismus tätig und akzeptieren ehrenamtliche oder unterbezahlte Tätigkeit. So wird argumentiert, dass durch diese Motivation zur Mitarbeit dann automatisch das Organisationsziel bestmöglich erreicht wird. Aber dagegen wird in der Fachliteratur häufig angeführt, dass diese intrinsische Motivation diese Unternehmen nicht vor ineffizienter Operation schützt. (3), (8)

Fallbeispiele

Auch für NonProfit-Organisationen wie Hochschulen ist die Einführung eines Leistungsmesssystems eine sinnvolle Maßnahme zur Steigerung der organisatorischen Performance.
Dabei ist zu berücksichtigen, dass ein wesentlicher Baustein die Einführung eines geeigneten Mitarbeiterbeurteilungssystems darstellt.
Hierbei ist insbesondere zu berücksichtigen, dass die durch das neue System produzierten Bewertungen von allen Mitarbeitern als gerecht empfunden werden, sodass auch ein Potential zur persönlichen Verbesserung identifiziert wird. Außerdem müssen allgemein anerkannte Regeln zu einer transparenten Zielvereinbarung berücksichtigt werden. (8)

Weiterführende Literatur

(1) PMS: Fluch oder Segen
aus Personal Nr. 03 vom 01.03.2008 Seite 040

(2) Die Collaborative Project Scorecard (CPS) als zentrales Tool zur Steuerung unternehmensübergreifender Projekte
aus projektMANAGEMENT aktuell, Heft 2/2008, S. 11-16

(3) Führung nicht-erwerbswirtschaftlicher Organisationen: Ökonomische Überlegungen und Folgerungen für das Hochschulmanagement
aus Betriebswirtschaftliche Forschung und Praxis, Heft 01/2008, S. 043-064

(4) Alte Strukturen aufbrechen
aus LOGISTIK HEUTE, Heft 1-2/2008, S. 36-39

(5) Entwicklung eines Leistungsmesssystems für industrielle Dienstleistungen
aus Zeitschrift für wirtschaftlichen Fabrikbetrieb, Heft 12/2007, S. 830-834

(6) Weiss, Martin / Zirkler, Bernd / Guttenberger, Brigitte, Performance Measurement Systeme und ihre Anwendung in der Praxis, Controlling, Heft 3, S 139 147
aus Zeitschrift für wirtschaftlichen Fabrikbetrieb, Heft 12/2007, S. 830-834

(7) Niggemann, Sebastian / Gleich, Ronald / Wald, Andreas, Performance Measurement zur Steuerung der Synergieerschließung in dezentralen Unternehmen, Controlling, Heft 3/2008, S. 149 156
aus Zeitschrift für wirtschaftlichen Fabrikbetrieb, Heft 12/2007, S. 830-834

(8) Performance Management in Public & Nonprofit Organisationen. Empirische Ergebnisse zum Teilaspekt Performance Appraisal Die Verfasser bedanken sich bei der administrativen Direktorin,

Frau Monique Bersier, und dem akademischen Direktor, Herrn Lukas Bucher, der Universität Freiburg Schweiz für die Unterstützung im Rahmen der Studie sowie die Erlaubnis, die Ergebnisse publizieren zu dürfen.
aus Zeitschrift für Personalforschung (ISSN 0179-6437). 22. Jg., Heft 1, 2008, S. 58-82

Impressum

Performance Management Systeme - Ganzheitlich orientierte Systeme setzen sich immer mehr durch

Bibliografische Information der deutschen Nationalbibliothek

Die Deutsche Nationalbibliothek verzeichnet diese Publikation in der deutschen Nationalbibliografie; detaillierte bibliografische Daten sind im Internet über http://dnb.d-nb.de abrufbar.

ISBN: 978-3-7379-0056-0

© 2015 GBI-Genios Deutsche Wirtschaftsdatenbank GmbH, Freischützstraße 96, 81927 München, www.genios.de

Alle Rechte vorbehalten. Dieses Werk ist einschließlich aller seiner Teile – z.B. Texte, Tabellen und Grafiken - urheberrechtlich geschützt. Jede Verwertung außerhalb der Grenzen des Urheberrechtsgesetzes bedarf der vorherigen Zustimmung des Verlags. Dies gilt insbesondere auch für auszugsweise Nachdrucke, fotomechanische Vervielfältigungen (Fotokopie/Mikroskopie), Übersetzungen, Auswertungen durch Datenbanken oder ähnliche Einrichtungen und die Einspeicherung und Verarbeitung in elektronischen Systemen.